DES INDICES

DE

L'OCCUPATION PAR LES LIGURES

DE LA RÉGION

QUI FUT PLUS TARD APPELÉE *LA GAULE*

PAR

M. DELOCHE

EXTRAIT

DES MÉMOIRES DE L'ACADÉMIE DES INSCRIPTIONS ET BELLES-LETTRES

TOME XXXVI, 1ʳᵉ PARTIE

PARIS

IMPRIMERIE NATIONALE

LIBRAIRIE C. KLINCKSIECK, RUE DE LILLE, 11

M DCCC XCVII

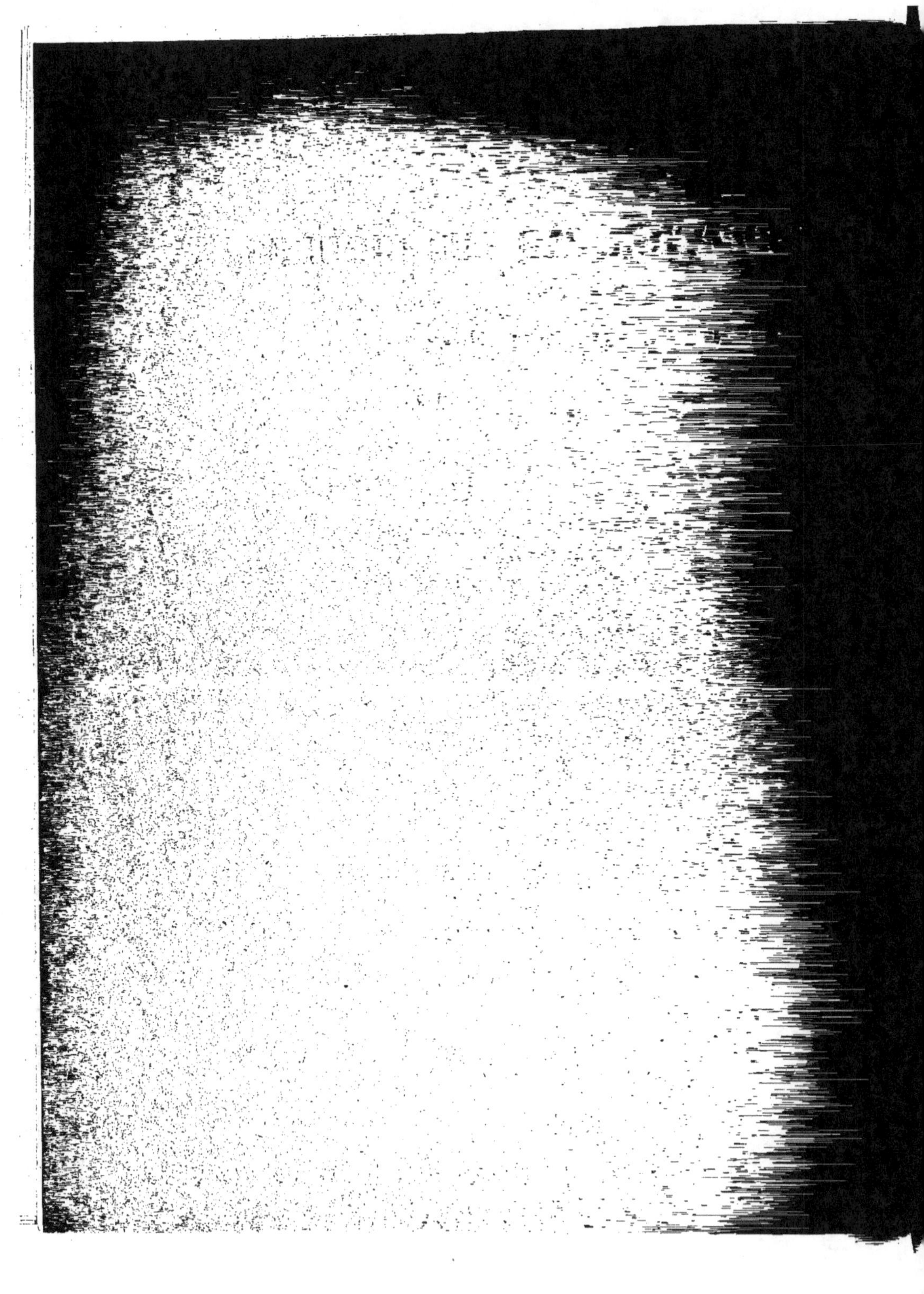

DES INDICES

DE

L'OCCUPATION PAR LES LIGURES

DE LA RÉGION

QUI FUT PLUS TARD APPELÉE *LA GAULE*

DES INDICES

DE

L'OCCUPATION PAR LES LIGURES

DE LA RÉGION

QUI FUT PLUS TARD APPELÉE *LA GAULE*

PAR

M. DELOCHE

EXTRAIT

DES MÉMOIRES DE L'ACADÉMIE DES INSCRIPTIONS ET BELLES-LETTRES
TOME XXXVI, 1ʳᵉ PARTIE

PARIS

IMPRIMERIE NATIONALE

LIBRAIRIE C. KLINCKSIECK, RUE DE LILLE, 11

M DCCC XCVII

DES INDICES

DE

L'OCCUPATION PAR LES LIGURES

DE LA RÉGION

QUI FUT PLUS TARD APPELÉE *LA GAULE*.

Parmi les questions relatives à nos premières origines, débattues récemment entre plusieurs savants et notamment entre MM. Alexandre Bertrand et d'Arbois de Jubainville, il en est une particulièrement intéressante, sur laquelle je crois être en mesure de fournir quelques renseignements utiles. Je veux parler de l'étendue des territoires qui, avant l'invasion des Celtes ou Gaulois (c'est tout un à mon sens comme aux yeux de M. d'Arbois), furent habités par les Ligures dans la vaste contrée située entre le Rhin et les Pyrénées, les Alpes et l'Océan, et qui a pris, depuis, le nom de Gaule.

Je dois d'abord résumer les deux thèses contradictoires émises par nos deux confrères, savoir : par M. Alexandre Bertrand, dans la 2ᵉ édition de son livre intitulé *Nos origines. — La Gaule avant les Gaulois*[1], et par M. d'Arbois, dans la 2ᵉ édition de l'ouvrage qui a pour titre *Les premiers habitants de l'Europe*[2].

[1] In 8°, Paris, 1891. — [2] In-8°, Paris, 1889-1894

2 .

I

M. A. Bertrand voit dans les Ligures une population d'Hyperbo-
réens ayant primitivement séjourné sur les côtes de la Baltique et de
la mer du Nord. C'étaient, dit-il, de hardis navigateurs, et leurs mi-
grations, ou plutôt leurs incursions sur le littoral océanique, sur les
rivages de la Méditerranée, jusqu'à la Sicile, sont les plus anciennes
expéditions des hommes du Nord. C'est en quelque sorte, suivant l'expression de notre confrère, « une première invasion des Normans »[1].

En dehors du territoire de Marseille et des pays situés à l'Est du
Rhône, entre la rive gauche de ce fleuve et les Alpes, jusqu'à la fron-
tière suisse, on ne trouve, chez les écrivains de l'antiquité, aucune
trace de l'occupation ou de la domination des Ligures dans l'intérieur
de la Gaule[2].

A la partie de son livre où cette question est traitée, M. Bertrand
a joint une carte où il a marqué la place des Ligures dans le cadre
ci-dessus indiqué, et celle des Ibères, auxquels il attribue : 1° la rive
droite du Rhône, avec une zone qui s'élève jusqu'à une assez faible
distance de Lyon; 2° les pays situés entre les Pyrénées et la Garonne,
avec une zone étroite sur la rive droite de cette rivière.

De son côté, M. d'Arbois de Jubainville pense que les Hyperbo-
réens dont il est parlé dans les textes géographiques grecs des vi[e], v[e]
et ive siècles avant notre ère ne sont autres que des Celtes ou Gaulois
qui, venus dans l'Europe occidentale vers le viiie ou le viie siècle, ha-
bitaient, durant ce dernier siècle, aux sources du Danube et dans le
bassin du Rhin.

Les Ligures, arrivés longtemps avant eux au centre de l'Europe,
avaient, dit-il, occupé le territoire qui fut plus tard la Gaule, et

---

[1] *Nos origines. — La Gaule avant les Gaulois*, p. 240-244. — [2] *Ibid.*, p. 245-247.

s'étaient même établis en Italie et dans la partie septentrionale de l'Espagne[1].

Les Celtes ou Gaulois étaient, d'après le témoignage des auteurs anciens, de haute taille, de forte corpulence, blancs de peau et à chevelure blonde ou même rutilante. Or, il est à remarquer que les habitants de la Gaule sont généralement bruns de peau, avec des cheveux noirs ou châtain foncé, de taille moyenne et plutôt médiocre, ce qui dénote que l'élément celte ou gaulois a été absorbé par une population plus nombreuse établie sur le sol avant lui[2]. Cette population est celle des Ligures, race petite, sèche, brune de peau et à chevelure noire[3].

Eh bien, depuis la Bavière jusqu'aux Pyrénées, dans les bassins du Rhin, du Weser, de la Meuse, de l'Escaut, de la Seine, de la Loire et de la Garonne, la toponymie nous offre un nombre considérable de suffixes et de radicaux ligures attestant une occupation prolongée de ces peuples[4].

Telles sont, succinctement résumées, les deux théories opposées soutenues par nos confrères.

Je n'hésite pas à donner la plus complète adhésion à celle de M. d'Arbois de Jubainville, et ce qui va suivre me paraît de nature à en confirmer l'exactitude.

II

Dans l'onomastique géographique, les catégories de vocables les plus persistantes sont naturellement celles qui correspondent aux parties les moins variables de la surface terrestre, c'est-à-dire aux cours d'eau, aux montagnes, aux régions en plaine portant un nom[5],

---

[1] *Les premiers habitants de l'Europe*, t. I, p. 365 et suiv.; résumé, p. 382; t. II, p. 205 à 215.

[2] *Ibid.*, t. II, p. 6, 10 et 11

[3] *Ibid.*, p. 10.

[4] *Ubi supra*, p. 46 à 215. Voir spécialement la conclusion de l'auteur, p. 205.

[5] Telles que la Limagne d'Auvergne et la Livière, près de Narbonne, dont nous parlerons plus loin.

et enfin aux forêts, dont l'étendue peut diminuer, et diminue souvent en effet, mais dont l'entière disparition est un fait rare.

C'est conséquemment parmi les dénominations de cette sorte que l'on peut espérer retrouver les vestiges des plus anciens habitants d'une contrée.

Ce sont aussi celles que nous allons signaler comme reproduisant intégralement ou partiellement le nom ethnique des Ligures, c'est-à-dire un indice très caractéristique de leur séjour sur notre sol à des époques reculées. Nous les rencontrons dans les pays qui, d'après la carte de M. A. Bertrand, seraient en dehors de l'étroit domaine qu'il a assigné, en Gaule, à ces peuples [1].

1° *Sur la rive droite du Rhône et au sud de la Garonne,* où M. Bertrand place des Ibères, et exclusivement des Ibères, on constate les faits suivants :

Et d'abord un fait déjà signalé : près de Narbonne, s'étend une plaine dite *de Livière,* qui, à la fin du vi[e] siècle, portait, d'après Grégoire de Tours, le nom de *Liguria* [2].

Dans le département des Basses-Pyrénées, une montagne située commune d'Arette [3], s'appelle *de Legorre* [4], comme le petit pays de *Legora* ou *Ligora* en Limousin, dont nous nous occuperons plus loin.

Un lieu dépendant de la commune de Monein, même département, et actuellement appelé *Ligé,* avait précédemment le nom de *Liger* [5],

---

[1] Je crois inutile de rappeler ici les indices du même genre qui se remarquent sur la rive gauche du Rhône, que tout le monde reconnaît avoir été habitée par des populations liguriennes : ils ont été notés par M. Ernest Desjardins dans sa *Géographie de la Gaule romaine,* t. II, p. 104, à laquelle je ne puis que renvoyer le lecteur.

[2] « Hujus (Felicis martyris) reliquiae apud Narbonensium ecclesiam retinentur. Sed cum hujus aedis altitudo, ne Liguria, quod est locus amoenissimus, a palatio regis non cerneretur, arceret, contulit haec cum Leone consiliario rex Alaricus. » (*Glor. Confessor.,* cap. xci; dans *Monum. German. historic.,* édition in 4°, t. I, pars II, p. 54.) Ce passage a été déjà cité par M. d'Arbois de Jubainville dans *Les premiers habit. de l'Europe,* 2e édit., t. I, p. 102.

[3] Cant. d'Aramitz, arr. d'Oloron.

[4] P. Raymond, *Dictionnaire topograph. du départ. des Basses-Pyrénées,* p. 98.

[5] *Ibid.,* p. 102.

semblable à celui du fleuve la Loire, qui, nous le verrons bientôt, était fort probablement ligure [1].

Je ne quitterai pas l'Aquitaine primitive, d'entre les Pyrénées et la Garonne, sans mentionner l'opinion récemment exprimée sur ce sujet par deux savants allemands, M. Otto Hirschfeld [2] et M. Sieglin [3]. De l'étude comparée des *Ora maritima* d'Aviénus (vers 470 ans av. J.-C.), de fragments de *Théopompe*, d'Artémidore (fin du II° siècle av. J.-C.) et d'Étienne de Byzance (fin du v° siècle de notre ère), M. Sieglin conclut formellement que les Ligures étaient établis anciennement sur le territoire de l'Aquitaine et même (en termes beaucoup plus compréhensifs) « dans la région occidentale de l'Europe »; et sa conclusion est adoptée par M. Hirschfeld, qui l'a reproduite *in extenso* dans son travail.

Je passe à l'étude des pays situés au Nord de la Garonne.

2° *Bassin de la Charente.*

Dans l'ancien pays d'Aunis, *Alninsis*, une charte [4] de l'abbaye de Noaillé, du x° siècle, mentionne la *Villa Liguriacum*, aujourd'hui Ligueil (Charente-Inférieure).

3° *Bassin de la Dordogne.*

A une distance considérable (environ 180 kilomètres) de la rive droite de la Garonne, il y avait, au moyen âge, en Périgord, une forêt appelée *silva de Ligurio* ou *Liguriensis.*

---

[1] Il n'est pas sans intérêt de mentionner ici un gros ruisseau du même département, qui sert de limite commune aux cantons de la Bidouse et de la Garesse, et qui porte le nom de *Lihoury* (voir le Dictionnaire topographique précité); l'aspirante y remplace peut-être le *g* d'un vocable antérieur, qui aurait été *Ligoury.*

[2] *Histoire de l'Aquitaine pendant la période romaine;* dans *Sitzungsberichte der Königlich Preussischen Academie der Wissesschapten zu Berlin,* t. XX, p. 429-456.

[3] Note remise à M. Hirschfeld par M. Sieglin, *custos* de la Bibliothèque universitaire de Stuttgard.

[4] Par cette charte, datée de 989, Guillaume Fier-à-Bras fait don à l'abbaye de Noaillé d'une église et d'un manse dit *de Corneto,* « in pago Alninse, in villa Liguriaco ». (Dans *Nov. Gall. Christ.,* t. II, col. 348.)

En 1115, Hélie de Bourdeille, Ebles, son fils, et Itier de la Tour
y concédèrent les emplacements nécessaires pour la construction d'un
monastère de religieuses de l'ordre de Saint-Benoît [1]. Peu de temps
après, de nouvelles concessions furent faites pour le même objet et
dans la même forêt, dite *de Ligurio* [2].

Le monastère, qui avait d'abord emprunté son nom à la forêt, prit,
dans les temps modernes, celui de *Ligueux* [3], et la forêt elle-même ou
ce qui en subsite encore s'appelle *la Ligerie* [4].

4° *Bassin de la Vienne.*

A une faible distance au Nord de Ligueux, au Sud-Sud-Est de la
ville de Limoges, il y a un petit pays qui porta, au moyen âge, le
nom de *Ligura* ou *Ligora,* et, dans la première moitié du xv° siècle,
celui de *Ligoure,* qu'il a gardé depuis.

Ce pays comprenait un territoire d'une certaine étendue, où
nous trouvons deux anciennes paroisses mentionnées, dès la fin du
xi° siècle, sous les noms de *Sancti Praejecti* et *Sancti Johannis de Ligura*
ou *Ligora* [5]. Ce sont aujourd'hui deux communes du département

---

[1] « Partem aliquam Ligurienci (*sic*) silvae
... et decimam partem pasquerii et decimam
partem herbarii de omni silva. » (Mss. Bibl. nat.,
fonds Saint-Germain latin, n° 556, fol. 170-
172; copie de Dom Estiennot.) L'abbé de Lépine, qui a eu sous les yeux le cartulaire origi-
nal du monastère de Ligueux, a reproduit cette
pièce, et sa copie est aussi à la Bibliothèque
nationale, collect. Lépine, t. XXXIV, fol. 43-
45; il a écrit *Liguriacensis* au lieu de *Ligurienci* (*silvae*).

[2] « Cederunt Deo et sanctae Mariae et
sancto conventui de Ligurio, de suo fevo de
la forest de Ligurio, hoc totum quod necessa-
rium fuerit supradicto conventui et suae fami-
liae. » (Ms. Biblioth. nat., fonds Saint-Germain
latin, n° 556, fol. 172-173.)

[3] Chef-lieu de commune dans le canton de
Savignac, arrondissement de Périgueux (Dordogne).

[4] Vicomte de Gourgues, *Dictionn. des noms
de lieu du départ. de la Dordogne.*

[5] « Cura Sancti Johannis de Ligura. » (Chart.
ann. 1060-1108; mss. Biblioth. nat., anc. car-
tul. 135, actuellement fonds latin, n° 9193,
t. I, p. 128.) — « Ecclesia Sancti Praejecti de Ligora. » (*Ibid.*) — « Mansum unum de Rocha, qui
est in parochia Sancti Johannis Ligora. » (*Ibid.*,
p. 340.) On trouve dans le Nécrologe de l'abbaye de Solignac la mention d'un personnage
appelé « Guillelmus de Ligora ». (*Loc. cit.*,
p. 527.) Un autre personnage est nommé « Jo-
hannes de Conhaco, dominus Sancti Johannis
Ligoure », dans un acte de 1437. (*Ubi supra,*

de la Haute-Vienne, appelées Saint-Priest-Ligoure et Saint-Jean-Ligoure.

Signalons en outre, au Nord de ces deux bourgades, un lieu dit *de Ligora* dans un obituaire de Saint-Martial de Limoges [1], aujourd'hui village ou hameau de *Ligoure*, dépendant de l'ancienne paroisse, actuellement commune, du Vigen [2].

Enfin, le cours d'eau qui traverse ce pays et va se réunir à la Briance (affluent de gauche de la Vienne), après un parcours de 19 à 20 kilomètres, porte le nom de *Ligoure* [3].

5° *Bassin de la Loire.*

Le grand fleuve qui traverse la France dans presque toute sa largeur, de l'Est à l'Ouest, est appelé, chez les Latins, *Liger* [4], par les Grecs,

---

p. 475.) Les textes ci-dessus ont été déjà, en partie, reproduits par moi dans *Études sur la géographie historique de la Gaule et spécialement sur les divis. territ. du Limousin au moyen âge* (in-4°, Paris, 1861, p. 137-138).

[1] « De Jaunhac miles dedit nobis xxv sol. in manso de Ligora, in parrochia de Vicano. » (Dans *Bulletin de la Soc. archéolog. et histor. du Limousin*, t. XXX, p. 129; et dans *Docum. historiq. concernant la Marche et le Limousin*, publiés par E. Leroux, E. Molinier et A. Thomas, t. I, p. 9.) On trouve enfin dans le même document plusieurs mentions d'un personnage appelé *Laurentius Ligara* ou *Ligora*. (*Docum.* précités, t. I, p. 26, 32, 49, 52 et 56.) L'Obituaire de Saint-Martial a été commencé vers l'an 1300.

[2] Un fait curieux qu'il convient de noter, c'est celui de mœurs particulières aux habitants de ce quartier du Limousin, au XVII° siècle.

Lancelot (*Recherches sur les Pagi de la Gaule*) s'exprime ainsi : « On dit, en proverbe, *gueux comme un gentilhomme de la Ligoure :* ils n'ont qu'un fusil, un chien galeux, vont à la chasse; ce sont des gentillâtres. » (Mss. Biblioth. nat., collect. Lancelot, portefeuille A, cahier des *pagelli et regiunculae*.) On peut voir là l'indice d'une origine différente de celle des voisins immédiats de ce groupe.

[3] Je ne dois pas omettre de signaler à cette place un autre cours d'eau de la même région, affluent indirect de la Vienne et appelé *Loyre*. Je n'ai pas le moyen d'en fournir le nom latin; mais sa forme moderne permet de présumer qu'elle provient d'un vocable analogue à celui du fleuve la Loire, *Liger, Ligera* ou *Ligara*, dont nous allons nous occuper.

[4] La plus ancienne mention s'en trouve dans César, *De bello Gallico*, III, 9; VII, 5 et *passim*.

Λείγηρ[1], et encore nommé *Liger* aux vi[e] et viie siècles[2]. C'est au viiie siècle qu'il prend le nom de *Ligera*[3] et *Ligara*[4].

Ce nom est très probablement ligure.

Artémidore (fin du iie siècle avant J.-C.) a cru que les Ligures avaient emprunté leur nom au fleuve *Liger*[5], et cette croyance est reproduite dans les Remarques de l'archevêque grammairien Eustathe sur Denys le Périégète (1er siècle de notre ère)[6].

M. d'Arbois de Jubainville a fait observer que le nom primitif des Ligures ne pouvait être dérivé de celui de la Loire[7]. Il a parfaitement raison; car, au lieu d'avoir emprunté son nom au fleuve sur lequel elle avait habité, c'est une population ligure, qui, dans mon opinion, a dû le lui communiquer.

Au reste, notre savant confrère a admis comme tout naturel le rapprochement qu'on a fait des deux vocables; il tient pour vraisemblable l'origine ligurienne du mot *Liger*[8]. Il est difficile, en effet, de méconnaître l'identité du radical entre ce terme géographique et l'ethnique des Ligures; et, suivant l'expression de M. Sieglin, déjà cité, quelque fausse que soit l'étymologie énoncée par Artémidore, elle repose sur la notion de l'établissement des Ligures dans la partie occidentale de notre continent[9].

Cette manière de voir est aussi confirmée par la traduction identique que ce vocable et celui de *Ligurium* ont reçue, dans notre langue, sur deux points éloignés l'un de l'autre. Car, ainsi que nous allons le

---

[1] Dans Strabon, *Geographic.*, IV, 1, 2 et 3, édit. Didot, p. 147, 157, 158, 160 et *passim.*

[2] Grégoire de Tours, *Hist. ecclesiast. Francor.*, V, 42; Fortunat, *Carmina*, VI, 5, De Geleswintha.

[3] Annal. Alamann. et Annal. Nazarian., ad ann. 731; dans Pertz, *SS.*, t. I, p. 24, col. 2, et 25, col. 2. — Annal. Mettens., ad ann. 742, *ibid.*, 327.

[4] Annal. Lauresham., ad ann. 731; *ibid.*, p. 24.

[5] Dans Étienne de Byzance, *Ethica (De urbibus)*; édit. de Meinck, Berlin 1849, t. I, p. 416.

[6] Dans *Geographi Graeci minores*, édit. de M. Meïher, t. II, p. 231, cité par M. d'Arbois.

[7] *Les premiers habitants de l'Europe*, 1re édit., p. 299.

[8] Dans la deuxième édition de son livre précité, t. II, p. 207.

[9] Voir plus haut, p. 9, note 3.

montrer, du nom de la forêt de *Ligurium* dans l'ancien Soissonnais, s'est formé celui de *Loire*, comme il s'est formé du nom latin du grand fleuve gaulois.

Les mêmes raisons s'appliquent au *Loiret*, affluent de gauche de la Loire, et qui est appelé *Ligericinus* dans la Chronique de Marius († 593) [1], *Ligerittum* dans une Vie du roi Robert [2], et *Ligeritum* dans un diplôme du roi Hugues [3]; diminutifs analogues à ceux qui se sont introduits, sur divers points, dans l'onomastique fluviale, et dont nous avons de nombreux exemples.

6° *Bassin de la Seine.*

Le département de l'Aisne renferme une forêt qui portait, dans le haut moyen âge, comme celle de Ligueux en Périgord, le nom de *Ligurium.*

L'empereur Charles le Chauve, dans un capitulaire daté de Kiersi, le 14 juin 877, désigna les palais où son fils Louis ne pourrait séjourner, sauf les cas de nécessité, et les forêts où il ne pourrait se livrer à l'exercice de la chasse, ou ne s'y livrer qu'en passant. Parmi ces forêts se trouve celle de *Ligurium*, d'où le prince est seulement autorisé à recevoir des porcs et à prendre des bêtes sauvages, « in Ligurio porcos et feramina accipiat [4] ».

[1] « Basilio et Bibiano. His Coss. pugna facta est inter Aegidium et Gothos inter Ligere et Ligericino juxta Aurelianis. »

[2] Vita Rotberti regis, auctore Helgaldo; citée par Hadr. de Valois, *Notit. Galliarum*, p. 278.

[3] Il y mentionne, parmi les possessions de l'*église* d'Orléans, « cellam S. Privati cum capella S. Martini quae est super Ligeritum; et inter Ligerim et Ligeritum, mansum 1, ecclesiam de S. Martino super Ligeritum ». Cité par Hadr. de Valois, *ubi supra.*

[4] § 32. « In quibus ex nostris palatiis filius noster, si necessitas non fuerit, morari, vel in quibus forestibus venationem exercere non debeat : Carisiacus penitus cum forestibus excipitur; Silvacus cum toto Laudunensi similiter; Compendium cum Cansia similiter; Salmoniacus similiter; in Odreia villa porcos non accipiat et non ibi caciet, nisi in transeundo; in Attiniaco parum caciet; in Verno porcos accipiat tantum; Arduenna penitus excipitur nisi in transeundo; et villae ad servitium nostrum similiter; *in Ligurio porcos et feramina accipiat;* Aristallium cum foreste penitus excipitur; in Lens et Wara et Astenido et feramina et porcos

La même énumération comprend les forêts et les palais de Kiersi, du Laonnais, de Compiègne, d'Attigny, des Ardennes, d'Héristal, de Crécy et d'autres encore situés dans le Nord et le Nord-Est de la Gaule et principalement dans les vallées de l'Aisne et de l'Oise. C'est donc là qu'était la forêt de *Ligurium*[1]. Ce vocable paraît à la fin du XIIe siècle, sous la forme déjà francisée de *Loyrre*[2], au commencement du XIIIe, sous la forme de *curtis de Loire*[3], et, en dernier lieu, de Trosly-*Loire*, commune du département de l'Aisne[4].

7° *Bassin de la Meuse.*

Il y a dans l'ancienne province du Barrois deux localités dont les noms latins nous sont inconnus, mais dont les noms modernes sont probablement dérivés, comme celui de Trosly-*Loire*, d'un vocable ligure. Ce sont ceux du bois commun de *Loire* et du bois de *Loirmont*, situés, le premier dans la commune de Marson, le second dans la commune de Varvinay (Meuse).

III

J'ai terminé l'exposé de la série des faits que j'avais depuis long-temps recueillis sur ce sujet, et que la discussion engagée entre deux de mes confrères m'a fourni l'occasion de publier.

D'autres faits semblables viendront assurément s'y ajouter, au fur et à mesure que la publication de nouvelles listes géographiques por-

---

capere potest; in Rugitusit, in Scadebolt, in Launif tantummodo in transitu, et sicut minus potest; in Crisiaco similiter; in Lisga porcos tantum accipiat. » (*Capitular. reg. Francor.*, édition de Borétius; dans *Monum. German. historic.*, édit. in-4°, t. II, p. 361.)

[1] C'est pourquoi j'ai abandonné, depuis longtemps, la conjecture que j'avais émise, en 1859, au sujet d'un rapprochement à faire de ce *Ligurium* avec celui du Périgord. (*Mém. de la Soc. des antiquaires de France*, 3e série, t. IV, p. 273 et suiv.)

[2] Chartes de 1197, de 1206, 1217 et 1239, citées par M. Aug. Matton, *Dictionnaire topograph. du départ. de l'Aisne*, p. 156.

[3] *Ibid.*

[4] C'est une commune dépendant du canton de Coucy-le-Château, arrond. de Laon.

tera à la connaissance des érudits l'onomastique des diverses régions de notre pays qui n'ont pas encore été l'objet de travaux de cette sorte.

En attendant, ce qui précède suffit largement, à mon sens, pour prouver que, dans la plus grande partie de la France, à l'Ouest comme à l'Est du Rhône, au Nord comme au Sud de la Garonne, dans les bassins de la Dordogne, de la Vienne et de la Charente, comme dans ceux de la Loire, de la Seine et de la Meuse, l'ethnique des Ligures apparaît, avec quelques variantes, dans la toponymie et particulièrement dans les noms des cours d'eau, des montagnes et des forêts.

Ce fait, qui ne saurait, ce me semble, être sérieusement contesté, s'explique d'ailleurs tout naturellement de la manière suivante :

Quand le territoire occupé par les Ligures fut envahi, au VIIe siècle avant notre ère, par les Celtes ou Gaulois, une partie et probablement la plus grande partie des anciens habitants fut dépossédée et refoulée au Sud, au Sud-Est et au Sud-Ouest. Les Ligures qui restèrent sur notre sol y formèrent, en divers points, des groupes, qui conservèrent, avec des traits de mœurs spéciaux, une individualité distincte au milieu de l'élément celtique; et les régions, principalement les montagnes, les forêts et les vallées, où ils étaient agglomérés et pour ainsi dire cantonnés, prirent, dans le langage usuel, des dénominations motivées par l'origine de leurs habitants, et sous lesquelles nous les trouvons mentionnées dans l'histoire et la géographie du moyen âge.

En tout cas, il paraît bien difficile de ne pas voir là le témoignage du séjour et d'un séjour prolongé des Ligures dans la contrée occupée depuis par les Gaulois, et qui a emprunté à ceux-ci le nom qui tient une si large place dans les annales des peuples.

IV

A la conclusion que je viens d'émettre, deux de mes savants confrères[1] ont opposé deux objections sur lesquelles je crois devoir m'expliquer.

L'une de ces objections est tirée de ce que le fait du séjour des Ligures dans l'intérieur de l'ancienne Gaule serait en contradiction avec des théories émises touchant les monuments mégalithiques et la race ou les races qui les ont érigés.

Je ne puis m'empêcher de faire remarquer que les théories dont on parle et que je n'ai pas à apprécier ici, quelle que soit l'autorité de ceux qui les professent, sont sujettes à discussion, et ne constituent pas une base solide d'argumentation à l'encontre des constatations très nettes que j'ai apportées.

Je me suis abstenu et je m'abstiens d'entrer dans l'examen du fond de la question dont j'ai résumé les termes au début de ce mémoire. Mais à ceux qui voient dans les Ligures de hardis navigateurs qui n'ont occupé que le littoral maritime avec une bande étroite de territoire, il me sera bien permis de demander s'il est possible de considérer le Simplon, le Saint-Gothard et les versants de la section septentrionale de la chaîne alpestre comme appartenant à une zone maritime.

Or, la présence des populations liguriennes dans ces hautes régions est attestée par les écrivains de l'antiquité, et il me paraît utile de reproduire, en le traduisant, ce que dit à ce sujet un historien de grande autorité dans la question, Karl Müllenhoff[2]. Après avoir noté que les Ligures occupaient, au temps d'Auguste, d'une façon ininterrompue, le versant Ouest de la chaîne des Alpes, du mont Genèvre à la mer Ligurienne[3], ce savant s'exprime ainsi : « Même sur le revers septentrional de la chaîne, du Simplon à la source du Rhône, il y avait encore des Ligures, les « Lepontii qui Uberi vocantur » de Pline[4],

---

[1] MM. Bertrand et Clermont-Ganneau.

[2] *Deutsche Altertumshunde*, t. II, p. 249.

[3] D'après les inscriptions de l'arc de triomphe de Suse et le trophée alpestre d'Auguste. (Plin., *Hist. nat.*, III, 134; collect. Teubner, t. I, p. 250.)

[4] Plin., *ubi supra*, III, 135 et 137; coll. Teubner, p. 150 et 151.

car ces Lepontii, qui occupaient en outre les vallées sises au Sud du Saint-Gothard, au-dessous du lac Majeur, Caton[1] les faisait descendre, ainsi que les Salasses du val d'Aoste (Petit et Grand Saint-Bernard), des Taurisques ou Taurins, l'*antiqua Ligurum stirps*[2] du Pô supérieur. Et ce qui achève de rendre vraisemblable l'origine ligurienne des deux peuples, c'est que la plaine qui s'étendait au-dessous d'eux jusqu'au Pô et jusqu'au Tessin était habitée également par des Ligures, en sorte que ceux-ci formaient une masse compacte, embrassant toute la lisière des Alpes au Nord et au Nord-Ouest. »

Je passe à la deuxième objection qui m'a été opposée et qui se formule ainsi :

Les mots *Liguria, Ligura, Ligurium,* sont bien des formes de l'ethnique des Ligures; mais *il se peut* que, dans la langue des Celtes, dont nous savons si peu de chose, il y ait eu un substantif commun ou un adjectif dont la signification aurait été toute différente et qui se retrouverait dans la toponymie gauloise; on n'est donc pas autorisé à affirmer que les termes cités soient une reproduction de l'ethnique des Ligures. On a récemment reconnu, ajoutent mes contradicteurs, un substantif commun dans quelques noms de localités répandues sur une partie de notre sol : *Ingrande, Gurande, Eygurande,* que l'on suppose avoir désigné un lieu placé à la limite commune de cités gauloises, et qui correspondraient aux *fines* des anciens itinéraires romains. N'est-il pas possible qu'il en soit de même des vocables relevés dans le présent mémoire ?

Je ferai observer, tout d'abord, que les noms d'*Ingrande* et autres, mentionnés plus haut, se rapportent à des *lieux isolés,* tandis que les noms cités par moi sont ceux de *territoires,* de *forêts,* de *cours d'eau,* auxquels ne s'appliquent point les remarques ci-dessus.

Il ne serait certes pas *impossible* que les Celtes eussent employé,

---

[1] Dans Pline, III, 134, p. 150. — [2] Plin., III, 123, p. 148.

dans leur langue géographique, un mot semblable ou analogue au terme ethnique des Ligures; mais on avouera que cela est *a priori* fort improbable. En outre, mes contradicteurs raisonnent comme si j'invoquais le nom d'un peuple étranger à la Gaule et éloigné de son territoire, tel par exemple que celui de Mongols, de Chinois ou de Persans, que j'aurais rencontré sur notre sol, et d'où j'aurais induit l'origine mongolique, chinoise ou persane de ses anciens habitants.

Mais la question se pose ici tout autrement.

Les Ligures, tout le monde est d'accord pour le constater, ont été établis en Gaule; il s'agit donc uniquement de savoir quelle fut l'étendue de leur occupation dans cette contrée. Or, des vocables géographiques *identiques à ceux que j'ai cités* se montrent *dans la zone incontestée*, et personne, je pense, ne mettra en doute leur origine et leur caractère ligures. Quand, au delà et à proximité de cette zone, nous les retrouvons, n'est-il pas logique, et qu'il me soit permis d'ajouter, de simple bon sens, que ces vocables y aient la même signification, et que, s'échelonnant de proche en proche dans les diverses parties de notre pays, ils y conservent la même valeur?

Il *se pourrait*, prétend-on, qu'il n'en fût pas ainsi.

Certes, on ne saurait ici, pas plus que dans toute autre circonstance, affirmer qu'il y a à cela *une impossibilité absolue;* mais il faut bien que l'on reconnaisse, en même temps, que cela est contraire à toute vraisemblance, et que c'est aux auteurs de cette conception, purement arbitraire, *dénuée de toute preuve et même de commencement de preuve,* qu'incombe l'obligation de la justifier.

Jusque-là, j'ai manifestement le droit de maintenir que, lorsqu'ils se produisent dans les diverses régions de la Gaule, les mots *Liguria, Ligura, Ligurium* et autres analogues désignent des contrées qui sont ou ont été habitées par des Ligures.